PROUDHON

AU

TRIBUNAL DE LA PÉNITENCE

Imprimerie de GUSTAVE GRATIOT, 11, rue de la Monnaie.

PROUDHON

AU

TRIBUNAL DE LA PÉNITENCE

PAR

ERNEST GRÉGOIRE FILS.

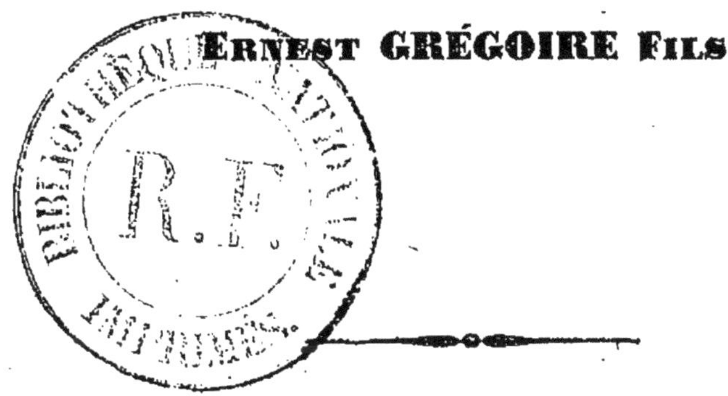

PARIS

GIRAUD, LIBRAIRE-ÉDITEUR

RUE GUÉNÉGAUD, 24.

1850

PROUDHON

AU

TRIBUNAL DE LA PÉNITENCE

Les Confessions d'un Révolutionnaire ont été pour beaucoup d'esprits un engrais intellectuel ; elles ont fait germer en eux une quantité de réflexions. Le ton ésotérique qui règne dans cet ouvrage devait choquer tout le monde, et j'ai été engagé par là à examiner la légitimité de cette allure. En publiant ici quelques remarques, principalement pratiques, que j'extrais de mes méditations sur le livre de M. Proudhon, je n'ai nullement en vue de me livrer à une critique à l'adresse de ce dernier. Il est venu me troubler dans mon repos, et j'ai éprouvé l'envie de lui ôter le plaisir de se croire incompris encore une fois de plus.

J'écris surtout pour tranquilliser la conscience des personnes à bonnes intentions, auxquelles les principes de M. Proudhon inspireraient une horreur instinctive, sans qu'elles aient des raisons bien concluantes à lui opposer. Quant à M. Proudhon proprement dit, je me propose de l'attaquer sur le terrain même de sa dialectique, si, dans quelque temps, on devait encore parler de lui. Qu'il sache pourtant, en attendant, que je me suis passé l'impardonnable caprice de lire les élucubrations des philosophes allemands, dont il est le disciple, et que je ne peux m'empêcher de regarder *Hegel* comme le charlatan le plus effronté du monde moderne, *Feuerbach* comme un insipide plagiaire, *Strauss* comme un pédant avorté, et que je n'ai quelque respect que pour *Rosenkranz* et *Gans.*

M. Proudhon, qui s'est tout bonnement laissé mystifier par ces gens-là, possède un avantage sur eux, c'est une certaine bonne foi qu'il fait du reste sonner assez haut : il met toute la conséquence possible pour arriver à sa petite formule. On trouve, en outre, chez lui un raffinement intellectuel très remarquable ; il a transporté dans le domaine de la science ses principes sur le *crédit gratuit,* sorte d'emprunt forcé. En effet, M. Proudhon pille partout, mais surtout dans les bouquins peu accessibles au public. Est-ce afin d'être à l'abri des réclamations, ou bien cède-t-il à une espèce de mode ?

Dans ces derniers temps, en effet, on s'est beaucoup occupé de chercher à retrouver, par l'analyse, d'anciennes recettes chimiques et industrielles ; j'ai vu aussi de mes propres yeux sur une enseigne ces mots piquants : *Fabrique de vieux meubles.* M. Proudhon semble de même avoir consacré son huile, ses oculaires et ses heures à retrouver et à débiter des vieilleries oubliées depuis longtemps. Il les produit, non par révérence pour l'antiquaille, mais comme fait le jongleur qui tire de sa manche tout ce que vous lui demandez. Sa phrase célèbre : « La propriété, c'est le vol », est prise à Brissot de Warville; sa théorie de L'AN-ARCHIE, que l'école proudhonienne cite comme le principal titre du maître à l'originalité dans le progrès social, la théorie de l'an-archie est pillée dans les œuvres du fameux romancier anglais, William Godwin. J'ai eu en main les deux in-quarto, publiés en 1793, du *Traité de la justice politique*, ouvrage capital de cet écrivain.

Je ne descendrai cependant à aucun détail de citations ; ce serait sans fin, tant les rapprochements entre l'auteur anglais et M. Proudhon abondent. Même langage affirmatif, même logique spécieuse, mêmes brillantes déclamations contre la propriété, etc. ; en un mot, Godwin a charpenté Proudhon.

J'extrais seulement du compte rendu, que Benjamin Constant a fait, il y vingt ans, du *Traité de la justice politique*, le passage significatif suivant :

« Parti d'un principe inexact, Godwin s'est égaré « dans sa marche. Le gouvernement n'étant, selon « lui, qu'un mal nécessaire, il a conclu qu'il en fal- « lait le moins possible. C'est une seconde erreur. « Il n'en faut point hors de sa sphère ; mais dans « cette sphère il ne saurait en exister trop. La liberté « gagne tout à ce qu'il soit sévèrement circonscrit

« dans l'enceinte légitime; mais elle ne gagne rien, « elle perd, au contraire, à ce que, dans cette en- « ceinte, il soit faible; il doit toujours y être tout « puissant.

« Par une suite nécessaire de cette théorie, fau- « tive à son origine, *Godwin est allé jusqu'à prédire « qu'un jour il n'existerait plus de gouvernement, et « il a regardé cette époque comme le plus beau mo- « ment de l'espèce humaine*......

« On ne trouve nulle part une aussi ingénieuse et « convaincante analyse des inconvénients de l'auto- « rité lorsqu'elle ne se borne pas à protéger et à « garantir, mais qu'elle veut éclairer, améliorer ou « conduire. Éducation, institutions, dogmes reli- « gieux, lumières, sciences, commerce, industrie, « population, propriété, Godwin examine l'action « du gouvernement sur toutes ces choses, et dé- « montre que le mieux, le plus sûr et le plus juste « est de maintenir la paix et de laisser faire. »

Il est donc clair pour tout le monde que la théorie an- archique de M. Proudhon est un bel et bon plagiat; ou bien les plumes d'un paon de 93. Un mauvais plai- sant, se rappelant le bienheureux règne des éphémères de la veille, trouverait d'une autre façon l'originalité de M. Proudhon fort compromise, et il lui tiendrait à peu près ce coq-à-l'âne : « L'an-archie, le royaume anodin des ânes ânonnants, animal, mais nous en sortons. » Ce serait de l'allitération pure, n'en déplaise à M. Léon Gozlan, forme de versification qui est, comme tout le monde ne sait pas, propre à la Scandinavie; mais aussi la fameuse an-archie ressemble à s'y méprendre à une de ces créations fantastiques et mystérieuses écloses dans l'imagination vagabonde d'un Scalde. On ne sait au juste ni ce que c'est, ni ce qu'elle veut.

Selon une légende sur la cathédrale de Cologne, le diable se plaisait à dessiner devant le premier architecte de celle-ci des plans merveilleux, mais à traits de flamme, qui s'effaçaient aussitôt. Eh bien! M. Proudhon, en nous leurrant, singe simplement Satan. Il se garde bien de venir nous apporter pédantesquement son système bien bâti, bien étayé. Il abandonne cela aux autres socialistes qui nous exposent gravement leurs projets de reconstruction sociale, comme s'il s'agissait des devis et marchés d'une adjudication de travaux. Quoique M. Proudhon ait écrit que dans l'an-archie les œuvres d'art se feront un peu plus facilement que les horloges de son pays, il garde en attendant un faible pour les allures artistiques. Ainsi, honnêtes bourgeois, contentez-vous de savoir que dans la tête de M. Proudhon trotte un idéal, selon lequel doit être régénéré le monde, et possédez-vous dans votre bonheur de pouvoir contempler quelques rayons, quelques effluves, que M. Proudhon a pu fixer jusqu'à présent.

Voyez, entre autres, les belles pages de son premier *Mémoire sur la propriété*, où l'an-archie fait son entrée dans le monde. Elle s'y trouve définie, comme étant l'état de choses, dans lequel le pouvoir législatif appartiendrait à la raison méthodiquement reconnue et démontrée. Toute la science du droit se réduirait alors à un calcul algébrique que chacun pourrait faire, et dans lequel on ne saurait jamais s'égarer. Le pouvoir exécutif résiderait dans le peuple entier, tout individu exerçant lui-même les fonctions jusqu'alors déléguées à l'autorité. Les *Confessions* contiennent sur l'organisation de ce peuple quelques détails intimes que nous apprécierons plus loin.

M. Proudhon pose donc en principe que les hommes n'ont plus besoin d'aucun gouvernement. Pour juger son assertion en toute connaissance de cause, examinons succinctement la valeur et la portée de l'autorité, comment elle se constitue, et s'il entre dans l'idée, que nous devons nous en faire, qu'elle puisse être jamais supprimée.

L'Etat ne régit essentiellement que les actions humaines ; la pensée pure et les autres faits intérieurs de la conscience ne l'occupent point. Nous avons donc, pour procéder méthodiquement, à commencer par l'examen des lois générales qui gouvernent la manifestation de la volonté. Dans ces derniers temps, on a analysé de nouveau avec beaucoup de soin la nature de la volition, ses mobiles, en un mot, le fait moral dans son ensemble. Il est désormais établi que l'homme dans son action se trouve soumis à trois influences différentes et souvent contraires.

Il est premièrement une personnalité, un être pour soi ; il ne disparaît, il ne s'efface pas dans l'espèce, comme l'animal et la plante. A ce titre, il doit veiller à son intérêt, calculer les moyens de réaliser pour lui la plus grande somme de biens possible.

Mais en second lieu, l'homme fait partie de la nature ; il est sensible, soumis aux impressions que font sur lui les objets extérieurs ; il est capable de passions ; il est donc aussi conduit par le motif de l'instinct, par la sympathie.

Enfin, les actions humaines subissent encore l'influence d'une règle supérieure ; elles sont soumises aux préceptes de la religion et aux principes de la morale. L'homme a toujours en face de lui le devoir, tel que le fixe, par l'Église, la parole vivante de Dieu ; par la conscience, l'idée obscurcie du bien.

Voilà les trois seuls motifs qui dirigent l'immense quantité de déterminations que l'homme peut prendre. Ils ont donné lieu à autant de systèmes de morale, qui ont exalté, les uns comme les autres, tour à tour un de ces principes, sans s'occuper des autres ; j'ai nommé les systèmes égoïste, sentimental et rationnel.

Tout ceci se trouve très bien exposé dans le *Cours*

de droit naturel de Jouffroy. Dieu me garde d'aimer les éclectiques ; mais j'aurais applaudi de toutes mes forces, si le disciple, vengeant sur M. Proudhon les injures que celui-ci prodigue à M. Victor Cousin, avait pu broyer l'idée de l'an-archie, comme elle le mérite et comme il en aurait eu les moyens avec les données de sa philosophie morale. Le sarcasme brutal et contondant de M. Proudhon n'aurait pas été de force à lutter avec l'ironie poignante et mortelle, que je ne peux m'empêcher d'attribuer à M. Jouffroy, quoique je ne l'aie jamais connu que par ses écrits. En effet, toute théorie complète de l'État doit partir de la connaissance de la nature humaine ; elle doit être anthropologique. Or, nous avons déjà dit que l'autorité n'a de prise que sur les actions humaines ; nous avons reconnu ensuite que celles-ci sont déterminées par trois mobiles différents ; il faut donc que nous les retrouvions dans l'analyse de l'État.

L'homme est premièrement sociable, il est attaché à ses semblables par une sympathie naturelle ; une affection désintéressée et instinctive le rapproche de ceux-ci. L'État n'est pas une œuvre seulement de la volonté individuelle, par laquelle il a seulement été développé. Antérieurement à tout consentement réel ou fictif, existe la race, la nationalité, unie par des mœurs et un langage communs ; c'est là que nous trouvons l'élément empirique fourni uniquement par la nature, indépendant de tout contrat social et qui sert de fondation à l'État. Pour ce dernier l'esprit particulier d'un peuple est la donnée première, la *natura naturans*. L'école historique allemande ainsi que Ballanche ont le tort d'avoir voulu trop généraliser ce point de vue. Mais les révolutionnaires ont commis la faute bien autrement grave de le négliger complétement. Leurs idées arrêtées sont un lit de Procuste sur lequel ils torturent sans discernement les situations les plus diverses. Les anciens étaient admirables pour saisir cette partie principale de l'État ; ils s'occupent toujours des faits moraux, des tendances particulières chez les nations, dont ils examinent les formes de gouvernement.

A cet élément matériel, en dehors de toute activité humaine, se rattachent les idées de patrie, de gloire nationale, tout ce que les coutumes peuvent imprimer de particulier et de caractéristique dans la législation, et enfin l'embryon du gouvernement.

Arrive en second lieu l'individu, la personnalité, qui recherche son intérêt particulier. Le fait de la volonté libre vient s'engrener dans l'association primitive et irréfléchie de la race ; à un état de choses, qu'il trouve tout formé, l'homme vient donner son assentiment raisonné. Alors se renouvelle sous une autre forme la question presque insoluble de la grâce et de la liberté. Les complications et la lutte sont inévitables ; et il est extrêmement difficile de ne pas séparer les deux facteurs, que nous avons ici, savoir la volonté particulière et la donnée empirique de la communauté instinctive. C'est ici qu'on peut apprécier les suites désastreuses du rationalisme qui n'a voulu conserver, comme seul fondement de l'État, comme unique base du droit, que la volonté pure et abstraite enchaînée seulement par la maxime de la co-existence. L'État deviendrait alors une simple juxta-position d'hommes, sans lien organique, sans intérêt collectif.

Encore une fois, non! l'homme ne crée pas les objets sur lesquels il exerce sa volonté ; celle-ci est essentiellement une décision quant à une chose extérieure ; et dans tout rapport qui emporte l'idée de droit, il y a, nous le répétons, un élément empirique, lequel est ensuite régularisé et pénétré par la volonté. Il en est de même pour l'État, qui est le produit du rudiment matériel de la nationalité et du consentement de l'individu. C'est à cette deuxième partie intégrante que se rattachent, en général, tous les buts égoïstes que l'homme peut rechercher dans la constitution d'une autorité, tels que l'assurance de pouvoir exercer ses droits, la fixation de ceux-ci, etc.

L'État, ainsi formé, est ensuite définitivement consolidé par l'action supérieure de la religion et de la morale. Cette action sanctifie et fixe en dernier lieu le but de son gouvernement : le perfectionnement, le développement de l'homme dans tous les sens, selon les besoins de sa double nature. Il n'y a pas de société possible, sans l'idée du devoir. Une quantité de directions dans l'État n'ont leur raison d'être que dans des considérations de morale. Les établissements de charité et de secours, l'amélioration continuelle du sort des malheureux, la sollicitude pour les sciences et les arts, enfin tout ce qu'il y a de véritablement grand et imposant dans l'action de l'autorité, est basé sur ce principe. C'est cette règle divine qui seule donne à la justice le caractère sacré qui l'élève au dessus de la condition d'une institution purement humaine; c'est elle seule qui obtient l'obéissance à l'autorité et qui la fait respecter. Remarquons cependant qu'en dehors de la théocratie l'influence de la religion ne doit pas être immédiate. Ce n'est qu'au moyen des résultats produits dans la conscience de l'homme, qu'elle s'infiltre et qu'elle pénètre dans l'État. Aussi tous les grands politiques n'ont-ils jamais manqué de prodiguer leurs soins à protéger le culte de la Divinité. Il importe peu de reconnaître ici que la plupart d'entre ces grands hommes d'État ne cherchaient, en agissant ainsi, qu'un moyen d'affermir leur pouvoir, et que, souvent, dans leur vanité, ils ne croyaient pas eux-mêmes à la religion à laquelle ils semblaient porter tant d'intérêt. Les hommes ne sont que des instruments dans la main de Dieu! . . . .

En résumé, l'État est donc l'association naturelle de la nation, régularisée par la volonté humaine et dirigée par l'action de la Providence. Chaque État se trouve ainsi être une individualité propre et distincte, laquelle est représentée, personnifiée par l'autorité. Celle-ci est le balancier qui règle et harmonise les mouvements de la société, qui, sans elle, dégénéreraient jusqu'à s'abîmer dans le chaos. C'est en elle que sont réunies et résumées toutes les aspirations du peuple qui, en dehors d'elle, resteraient sans satisfaction [1].

Son action est légitime pour diriger tout ce qui intéresse le peuple en général, ses rapports avec les autres nations, la conduite de la guerre, la négociation de la paix et des traités; elle est chargée de développer, sans oppression, les moyens de satisfaire aux besoins matériels et moraux de l'humanité; elle doit imprimer une direction supérieure au commerce

[1] M. Proudhon, dans une réponse très amusante qu'il vient de faire à MM. Louis Blanc et Pierre Leroux, nous dit que l'État est la constitution extérieure de la puissance sociale, d'où il conclut que le gouvernement devient inutile lorsque le peuple arrive à pouvoir se diriger lui-même. Cela n'est qu'un cercle vicieux. L'État n'est pas la manifestation externe de la société, il est indépendant de celle-ci, il est seulement son corrélatif. La société est la matière, la *hyle* d'Aristote, l'État en est la forme, sans laquelle la première ne peut exister réelle-

et à l'industrie, aux sciences et aux arts. Tout cela ne constitue encore que le côté positif du gouvernement. Son rôle négatif est d'établir une législation stable, d'assurer à chacun l'exercice de ses droits, la jouissance de sa liberté, et de maintenir la paix intérieure. L'autorité doit enfin prendre à tâche de réaliser sur la terre, autant que possible, les desseins de la Providence, et s'inspirer des préceptes de la religion et de la morale.

Cette énumération ne pouvait manquer de tomber dans le lieu commun, parce qu'elle est en complète harmonie avec le bon sens et les idées reçues. En toute autre matière, cette dernière circonstance serait, pour moi, d'un faible poids. Mais comme la question touche à l'organisation de la société même, il faut bien que le commun accord ait ici sa valeur. Aussi les quelques considérations qui viennent d'être dégagées de l'observation du phénomène de l'État,

ment. Ces deux choses se rapportent, comme l'idéal à son exécution matérielle par l'artiste. Si nous naissions tous peintres ou sculpteurs, serait-ce donc une raison pour ne plus faire d'œuvres d'art? De même si nous étions tous empereurs ou rois, il n'en faudrait pas moins une autorité; car il entre positivement dans le concept de la société d'être représentée, individualisée par l'État. Il n'est pas l'expression de la puissance sociale; car c'est lui qui l'établit et qui la fait sortir de son état indéterminé. Il n'y a pas ici condensation, mais bien compression.

n'ont-elles en aucune façon la prétention d'être une théorie dans l'acception générale de ce mot. Il est bon d'avoir sur la nature du gouvernement quelques idées fondamentales pour se diriger dans l'immense dédale de la politique; mais il est très sage d'abandonner tout le reste aux événements, dans lesquels on n'a qu'à jouer son rôle, si on y est appelé.

Justement parce que la question de l'autorité est éminemment complexe, tout système exclusif porte à faux, plus qu'en toute autre matière.

Il ne serait peut-être pas sans intérêt de passer rapidement en revue les principales opinions qui se sont produites sur le gouvernement.

Reprenons un à un les trois éléments constitutifs de l'État.

Nous avons premièrement la *sociabilité* qui doit être considérée sous deux aspects, puisqu'elle est conçue, soit comme universelle à l'égard de tous les hommes, soit comme particulière ou bornée aux limites de la race. Le premier côté de la sociabilité a donné naissance aux systèmes socialistes. Ni le nom, ni la chose ne sont nouveaux. Grotius a pris pour point de départ de son Droit naturel la sympathie naturelle entre les hommes, et ses disciples ont été appelés littéralement *socialistes*; seulement ils n'ont pas développé leur principe jusqu'aux extrêmes conséquences, parce que cela n'était pas dans les idées du temps. Le seul mérite des socialistes modernes serait donc de répondre à un besoin de l'époque, d'y avoir pris racine. La sociabilité, dans sa signification restreinte, est particulière à l'égard des membres d'une même nation. Ce point de vue a été exagéré, comme nous l'avons déjà dit, par l'école historique allemande et par Ballanche, qui considèrent l'État trop comme une végétation naturelle, indépendante de l'homme.

Le second élément constitutif de l'Etat, le principe de la *personnalité*, devait avoir naturellement le plus de partisans; vous avez, entre autres, Hobbes, Locke, Rousseau et enfin M. Proudhon.

Le troisième élément, la *règle du devoir* religieux et moral, a engendré la théocratie, le despotisme éclairé et aussi l'idéocratie, le règne d'une pensée abstraite, tels que le voulaient nos pères, tels qu'on le rêve encore aujourd'hui.

Le commun des publicistes se contente d'un mélange confus et souvent embarrassant de ces trois principes auquel je préfère de beaucoup l'opinion de Pope et de presque tous les hommes pratiques, qui regardent la question sur le gouvernement comme totalement oiseuse, et qui puisent leurs idées là-dessus, lorsqu'il leur en faut absolument, dans le fonds de leur propre conscience et dans l'observation de la nature humaine, ce qui est la seule base pour une théorie saine et applicable. M. Proudhon semble avoir aperçu vaguement cette idée depuis la publication de ses *Confessions* ; toutefois, comme il lui est impossible d'écrire une phrase, sans qu'elle soit frelatée par son esprit paradoxal, il dit que l'homme recherche dans l'autorité son idéal, et qu'alors il n'y a rien de mieux que d'en finir avec cette poursuite chimérique ; tandis qu'il fallait dire que l'homme, étant conduit à admettre l'autorité par la tendance de son organisation intime, doit, pour accomplir sa destinée, respecter ce qui répond aux exigences de sa constitution.

Abstraction faite de cette première lueur de bon sens, nous voyons que M. Proudhon n'a fait que porter à l'excès, avec assez de bonheur, l'un des trois éléments de l'Etat, celui de la personnalité. Et encore n'a-t-il pas osé aller tout à fait jusqu'au bout. Il a tempéré les conséquences de son principe au moyen de la souveraineté de la raison d'une part, et enfin, d'autre part, il a admis, dans ses *Confessions*, une sorte d'association naturelle entre gens de même profession.

L'ensemble du système n'est qu'une misérable parodie de celui que professent les doctrinaires. Prenez la première page venue des ouvrages de MM. Guizot, de Barante et de toute l'école, et vous y trouverez toujours exprimé que l'homme n'est pas maître absolu de ses actions ; qu'il existe pour lui une certaine règle qu'on peut appeler raison, morale, sagesse ou justice, à laquelle il est soumis

Maintenant comment la volonté humaine, qui n'est pas souveraine dans l'individu, pourrait-elle l'être dans l'existence sociale? Ce serait du despotisme pur. On ne peut y échapper que par la souveraineté de la raison. De ce principe, déjà indiqué par Burke, les doctrinaires concluent au gouvernement des classes moyennes, M. Proudhon à la négation de l'autorité.

Cependant, le célèbre réformateur a eu l'adresse de travestir l'acception du mot raison. Celle-ci avait chez les doctrinaires un sens tout à fait concret, organique; elle est pour eux en quelque sorte la nature des choses. M. Proudhon la prend dans la signification que lui donnent les philosophes les plus écervelés, c'est-à-dire comme ce qui est fondé uniquement sur les lois de l'entendement.

En même temps, M. Proudhon se distingue des rationalistes vulgaires, des bâcleurs de constitutions *à priori*, en ce que ceux-ci sont tellement infatués de leur principe, qu'ils en proclament le règne, comme datant de la création du monde, et qu'ils déclarent illégal tout ce qu'ils lui trouvent contraire. M. Proudhon laisse aux organisations politiques précédentes leur valeur propre; il rejette, entre autres, l'état de nature. Mais il n'en est que plus coupable de ce qu'ayant pu comprendre des institutions convenant véritablement à la nature humaine, il leur préfère les pâles abstractions de son cerveau. Ce que je vais dire à propos des sophistes modernes en général, doit donc s'appliquer à bien plus forte raison à lui.

Je pose en principe que l'impersonnalité de la raison est un conte bleu, bon tout au plus pour les intelligences décrépites, et ensuite que le rationalisme, en politique surtout, ressemble exactement au chien qui tourne éternellement sur lui-même, afin de mordre sa queue.

En effet, ce qui constitue toute cette direction de la philosophie depuis trois siècles, c'est qu'elle n'admet que ce qui ressort uniquement de la raison, que ce qui est logiquement nécessaire. La raison alors n'est pas seulement regardée comme un instrument, mais elle devient le fonds même dont on tire les matériaux. Il n'était pas encore venu à l'idée de quelqu'un de considérer les organes, qui servent à nous amener les aliments, comme notre nourriture même ; eh bien ! cette supposition forme l'essence du rationalisme. Notre œil reçoit la lumière, il la perçoit ; mais il n'est pas la lumière et il ne l'a pas faite, avait pourtant déjà dit le divin Platon. Oui, dans toute recherche philosophique, il est de rigueur d'admettre la raison comme pierre de touche, d'exclure tout ce qui serait contraire à ses lois. Mais le propre du rationalisme est de ne reconnaître comme vrai que ce qui est déjà contenu dans les formes générales de l'entendement. Il ne lui suffit pas qu'on lui prouve que quelque chose existe en réalité; il faut lui démontrer de plus que le contraire serait inadmissible. Or, les données de l'expérience ne se prêtent pas à ce manége; elles nous apprennent l'état positif d'une chose et non pas que l'opposé en serait inadmissible. Le rationalisme donc commence avec le doute universel, qui ne laisse subsister que la raison elle-même, ses lois fondamentales, desquelles on construit *à priori* le monde entier; ce qui, pour la plupart du temps, se réduit à un escamotage plein de mauvaise foi.

Toute véritable philosophie ne peut avoir pour but que de nous rassurer sur des résultats indiqués d'avance, tels que Dieu, l'immortalité, etc., ou bien d'amener l'unité, l'universel dans une agrégation de connaissances diverses. Elle recherche donc un critérium absolu qui donne de la certitude à la science. Maintenant, comme il est donné à l'esprit de pouvoir faire abstraction de tout ce qui l'entoure, de se supposer seul, ne fût-ce que pour un instant, qu'y a-t-il pour lui de plus tentant que de chercher cette dernière caution de la vérité dans ce dont il ne peut plus abstraire, dans son existence réelle et dans la pensée même.

On prend donc une idée-mère, celle de l'être ou de l'absolu par exemple, et l'on bâtit là-dessus son système. Alors tout est en quelque sorte une émanation des formes de la pensée. Dieu devient le reste d'abstraction, auquel on est forcé de s'arrêter, et dans lequel le monde est contenu logiquement.

Les différents systèmes divergent justement dans ce qu'ils considèrent comme devant servir de point de départ dans ce que le philosophe doit en dernier lieu respecter. Spinosa et Hegel ont admis, ainsi que les Éléates, l'être en général, le premier dans son existence réelle, le second comme pensée; Kant a pris l'idée de l'absolu, du nécessaire; Fichte, celle du moi, le concept de la conscience. Toutes ces acceptions peuvent se ramener à deux bases principales, l'existence réelle du sujet qui pense, et les formes pures de l'entendement. Ce sont les deux seuls principes qui ne s'abîment pas dans le doute universel; ils se trouvent réunis dans le *Cogito, ergo sum*. Mais il est incontestable qu'ils sont contradictoirement opposés. L'existence réelle du sujet comprend l'idée de vie et d'action, laquelle produit quelque chose comme effet. La raison pure repose en elle-même, elle est déterminée dès le commencement, elle contient tout ce qu'elle produit à titre de déduction. Le sujet est indépendant, il se détermine lui-même, il exige la liberté; la raison implique nécessité, elle l'impose. Ces deux principes ne peuvent que s'exclure mutuellement, et ils donnent lieu au rationalisme subjectif et objectif, Fichte et Spinosa.

Constatons ici que l'an-archie n'est qu'un amalgame hybride de ces deux systèmes. A Fichte,

M. Proudhon emprunte l'idée du tout-puissant, de la volonté individuelle infiniment souveraine; mais, avec cela, Fichte arrivait à de singuliers résultats. Tandis que Rousseau, croyant se garder de l'arbitraire, avait posé la volonté générale, comprimant celle de l'individu, pour Fichte, le gouvernement se réduit à une question de force; si l'individu trouve moyen d'opprimer la société, que forment ses *non-moi*, rien de plus simple qu'il les fasse servir à réaliser les idées *à priori*, qu'il pourrait avoir. M. Proudhon enraye ici au moyen du rationalisme objectif de Spinosa, et il arrive à la souveraineté de la raison exécutée par chaque citoyen séparément.

Que ce soit à tort ou à raison que tel célèbre polémiste soit représenté en costume d'arlequin, à coup sûr la toge philosophique de M. Proudhon se trouve, en réalité, ne plus être qu'une méchante casaque de chiffons rapportés et mal cousus encore. Toutes les folies possibles me laissent impassible; mais la copie, le vol enfin, m'indignent. Je considère en effet toute l'histoire de la philosophie comme un kaléidoscope inventé tout exprès pour me récréer. Une certaine quantité de verroterie, de clinquant et de rocaille, qui se dispose régulièrement, voilà ce que représentent, en général, tous les philosophèmes. Mais, au nom du ciel! qu'une figure ne se reproduise pas plus d'une fois; car, alors, cela devient ennuyeux et soporifique. Non! ce n'est pas, comme

M. Proudhon le demande, un nouveau Voltaire qu'il nous faut, c'est un Lucien qui vienne souffler impitoyablement sur tous les châteaux de cartes de ces abstracteurs de quintessence, rhéteurs et sophistes, et balayer à blanc les matériaux et les constructeurs ! Car le public, qui fait de sottises une si énorme consommation capable de dérouter les acrobates les plus téméraires, ne peut en être détourné qu'au moyen du ridicule.

Aussi ce n'est pas une attaque scientifique en règle que nous livrons ici au rationalisme. Dieu merci ! la seule exposition en fait déjà bâiller. Constatons seulement quelques résultats irrécusables, qui sont d'une absurdité manifeste.

Dans le rationalisme, tout est déterminé, fixé d'avance invariablement selon les lois de la logique ; il n'y a pas de changement possible ; la vie, le progrès, la puissance de l'organisme, tout cela est donc nié. Et ce n'est pas la science seule, entendons-nous bien, qui peut se trouver *à priori*, c'est la création entière, l'histoire, le passé et le futur ! Voilà donc, M. Proudhon, le rationaliste par excellence, l'insulteur grossier des prophètes sacrés, en état d'ouvrir un atelier de prédictions, comme il a ouvert une banque. Mais passons. On avait cru jusqu'ici pouvoir distinguer les produits de notre imagination, des objets fournis par l'expérience. Chimère ! Les personnes que le rationaliste rencontre dans ce moment dans la rue, ce sont de petits fantômes de circonstance; vous tombez gravement malade, le malheur vous accable; il en est ainsi porté aux lois de l'entendement, chapitre des catégories. Mais c'est surtout la morale que ces gens-là exposent d'une singulière façon. Le péché devient une inconséquence logique, une simple faute de calcul. Tous les instincts généreux, tout ce qui fait vibrer l'âme et battre le cœur, ne doit former que des considérations subalternes dans la conduite du sage. N'insistons pas sur ce que l'athéisme est le corollaire fatal de tout rationalisme : la Divinité ne doit pas être traînée dans cet amas repoussant de fadaises.

Arrivons donc tout droit à la politique. Le rationalisme y déploie toute sa stérilité, son impuissance complète dans ce qui est pratique. L'État est pour lui une agrégation d'hommes qui se trouvent réunis par hasard : il n'a qu'une valeur purement négative; il existe pour empêcher qu'on ne s'entr'égorge. Je n'ai jamais pu comprendre que les philosophes dont nous parlons aient pu afficher leur amour pour la patrie, qui n'a pour eux absolument aucun sens. Mais, en revanche, ils ont l'état de nature, dont ils ont ramassé l'idée dans les bas-fonds de la mythologie païenne; car l'état de nature n'est autre chose que l'âge d'or travesti. Quoi qu'il en soit, je préfère mille fois les superstitions populaires pleines de poésie à de pareilles inventions sophistiques, qui leurrent des générations de penseurs. Hobbes, leur maître à tous ces alchimistes politiques, comme il doit se consoler au fond de l'enfer de les voir à l'envi ronger la carcasse de son Léviathan ! M. Proudhon, lui, n'est qu'une sorte de Hobbes à l'envers ; il n'en ira pas pour cela en paradis. Le philosophe anglais, partant de l'hypothèse que le seul motif des actions humaines est la recherche du bien-être individuel, arrive, comme on le sait, à la guerre de tous contre tous, à la nécessité d'un contrat de société, et enfin au despotisme. M. Proudhon dégage de la même supposition la négation de l'autorité. Selon Hobbes, donc, le mobile qui pousse les hommes à former des États, à sortir de l'état de nature est la crainte, la peur de l'oppression. Comme si cet état de nature avait jamais existé, comme s'il était nécessaire de l'admettre même seulement en abstraction, afin de comprendre la formation de l'État et d'en saisir la raison d'être.

De même que l'état de nature, la souveraineté de la raison est une semblable pauvreté inadmissible ; elle pèche par sa base. La science du droit, ainsi que la législation, sera toujours du domaine de l'observation, et jamais une déduction ; elle a besoin de se retremper sans cesse dans la réalité extérieure, qu'elle est seulement appelée à régler selon les besoins de circonstance, qui eux changent de leur côté continuellement et nécessitent de nouvelles dispositions législatives en dehors de toute prévision logique.

Le pouvoir exécutif de M. Proudhon est loin d'être aussi curieux que celui qu'il charge de faire des lois. Ayant d'abord admis comme souverain l'individu isolé, il regarde maintenant comme molécule de son corps social la réunion naturelle des personnes qui ont les mêmes intérêts à défendre. L'armée, le commerce, tous les embranchements du pouvoir seraient libres et affranchis de tout contrôle dans le cercle de leur action, sur laquelle ils s'entendraient dans des assemblées organisées selon le suffrage universel.

Mais ceci n'est qu'une réminiscence du moyen âge. Dans la féodalité, en effet, les droits des gouvernements étaient tombés dans la propriété privée. C'était bien à la possession du sol que se rattachait par la force des choses le plus d'autorité ; mais, en principe, tous les grands corps de l'État étaient souverains et indépendants les uns des autres dans la conduite de leurs affaires, qu'ils débattaient dans des réunions régulières. L'Église, la noblesse, la bourgeoisie, les vilains mêmes étaient maîtres chez eux, exempts de toute tutelle dans la sphère de leur activité légitime. L'Université ne relevait que d'elle-même ; partout nous voyons apparaître la corporation, de tout côté déborde l'esprit de particularisme, qui donnait lieu à cette quantité de juridictions spéciales qui ont survécu jusqu'à la révolution.

Cette organisation, dont certaines formes ont

existé jusque-là, a été détruite par la royauté absolue et par la formation des États modernes de l'Europe. Les forces, qui s'éparpillaient et se heurtaient mutuellement, ont été concentrées et abusivement absorbées par le gouvernement si l'on veut. Car le malheur de cette tendance générale à l'unité est d'avoir été mise en œuvre par des hommes faillibles qui l'ont exagérée. Ils ont voulu tout réglementer, ne rien laisser à l'initiative des individus, ôter toute vie propre aux différents membres constitutifs de la société. Après le despotisme des hommes est venu celui des idées, bien plus intolérable encore. L'Assemblée constituante et la Convention, aidées de leurs souvenirs de l'antiquité, consacrèrent à l'envi l'omnipotence de l'autorité. Ces différents régimes, tout en faisant de la France l'État policé par excellence, nous ont légué un réseau de prohibitions et de vexations qui nous gênent réellement. Malgré l'importance qu'affecte d'y attacher M. Proudhon, cet inconvénient n'est cependant qu'un point secondaire dans nos misères politiques. Il doit être mis sur le même rang que le bavardage parlementaire, et que la séparation des pouvoirs telle qu'elle existe maintenant. Il s'agit tout simplement de trouver un terme moyen entre les deux manières de voir précédentes; car il est impossible que trois siècles aient été presque totalement perdus pour l'humanité; nous ne pouvons pas rétrograder. C'est ici que les idées de décentralisation, de réforme administrative, feront dégager quelque système conciliateur.

En résumé, l'an-archie est une conception aventureuse, fortement entachée de plagiat, sans valeur ni pratique, ni scientifique. La souveraineté de la raison, telle que l'entend M. Proudhon, selon lequel toutes les questions de droit se réduiront à un calcul d'algèbre qui n'exigera pas de pouvoir législatif distinct, est un non-sens. L'idée de l'individu constitué souverain n'est pas viable même avec la modification qu'il y apporte dans ses *Confessions*, savoir une certaine cohésion établie entre personnes qui ont le même état; la chose n'en devient que moins nette et moins logique.

Comme théorie, l'an-archie est absolument nulle; ne serait-elle pas l'incarnation d'une idée qui tourmenterait notre siècle? Il y a, en effet, toujours une certaine quantité d'esprits chargés de s'emparer des fantaisies que poursuit chaque époque, d'en déduire rigoureusement les conséquences, pour qu'elle soit bien comprise. Ainsi, pour nous servir d'une fleur de rhétorique assez banale pour ne pas choquer, notre France actuelle peut être comparée à un corps bien malade, et alors M. Proudhon *ne serait qu'un ulcère* par lequel se manifesteraient les mauvaises humeurs de notre organisation sociale, ce qui expliquerait beaucoup de choses.

Il est effectivement incontestable que nous ne

sommes pas dans une situation normale. Que les gouvernements aient leur bonne part dans les maux qui nous affligent, cela ne peut de même pas être mis en doute ; ils se ressentent toujours de la fragilité humaine.

Il se commet des infamies sous tous les régimes, c'est reconnu. Heureusement que nous ne sommes pas sur la terre pour aboutir à quelque chose de parfait. Le mal reste inhérent à la nature de l'homme ; nous sommes déchus. L'humanité devrait, Dieu merci ! en avoir bientôt la conscience ; elle approche de son âge viril. Nous n'avons pas à discuter si cette maturité n'amènera pas avec elle d'amères déceptions ; s'il n'eût pas mieux valu que nous fussions toujours restés en enfance. Le fait existe, et il faut en tenir compte.

Nous pouvons donc aujourd'hui raisonner et analyser les données de notre situation morale. Approchons le scalpel, et puis examinons les dispositions intérieures des esprits.

D'abord apparait l'hydre à cent têtes de l'individualisme. Le sentiment d'indépendance implanté par les barbares dans la civilisation moderne, et développé par le christianisme, est arrivé à un état de paroxisme. Saint-Simon, Fourier, Louis Blanc ont proposé de l'étouffer. Chimère ! l'individualisme se manifeste d'une manière trop intense pour qu'il ne soit pas destiné à devenir un des moteurs de notre société nouvelle. Il faudrait que les hommes d'Etat s'occupassent sérieusement de le diriger, d'utiliser cette force vive, d'en neutraliser les fâcheux résultats, en cultivant les autres forces destinées à lui faire équilibre[1].

Avec cette tendance d'individualisme que ne cesse de préconiser M. Proudhon, nous marchons droit à la guerre classique de tous contre tous. Car l'essence de l'individualisme actuel, c'est l'envie et l'orgueil dans ce qu'il y a de plus mesquin. La soif de jouissance a gagné toutes les classes, et l'on s'est jeté avec fureur sur la nature pour l'asservir et la dompter. L'extension de l'industrie, les machines, la manie

[1] L'individualisme exagéré est de même funeste aux sciences; chacun patauge de son côté sans s'occuper de ses voisins. Pour reconnaître combien est vraie l'assertion que l'individualisme est incarné dans notre génération, il suffit de se retracer la tendance des principes de l'esthétique. Malgré les revirements en faveur du classique, le terrain est resté au romantisme. Or, ce dernier n'est autre chose que l'esprit qui, n'étant plus satisfait de la forme pure, se replie sur lui-même, se contemple, et tire de sa propre essence une quantité de sentiments inconnus aux anciens. Le laid dans l'art, la prédominance du genre sont des signes non équivoques du règne de la personnalité.

D'un autre côté la politesse française s'en va. L'aversion pour les traditions, le scepticisme et l'indifférence

d'inventions, tout cela se lie à ce fait primordial. Car, il ne faut pas se laisser induire en erreur par les reproches de matérialisme qu'on fait généralement à notre temps. Je ne nie pas que les humains se vautrent mieux que jamais dans la fange ; mais en cela ils sont continuellement poussés par ce qu'il y a de plus immatériel en eux, par le taon invisible de la personnalité qui veut être maître partout.

Ainsi s'explique toute cette phraséologie tirée de la science économique, dont le vice radical, disons-le en passant, a été jusqu'ici de vouloir obtenir *in abstracto* la richesse d'un État, sans s'inquiéter dans quelles mains, ni dans combien de mains cette richesse irait s'accumuler, se concentrer ; tandis que

ont poussé des racines très étendues. La bourgeoisie, depuis qu'elle a fait irruption sur le théâtre du monde, ne s'est pas contentée, comme la noblesse, d'avilir simplement son corps ; mais, tout en conservant une grandeur d'âme à toute épreuve, la bourgeoisie, ou du moins sa portion inquiète et influente, a perverti à plaisir jusqu'à son esprit et son cœur. C'est l'impression qu'elle aura laissée de ses cinquante ans de domination.

Elle doit une éternelle reconnaissance à Byron, qui lui a fourni une petite théorie au moyen de laquelle on peut être un roué, un scélérat à bon marché. Car, enfin, quelle triste et piteuse figure les orgies de la Confession d'un enfant du siècle ne font-elles pas à côté de celles de la Renaissance ou de la Régence ?

son véritable but est de faire produire le plus de biens possible, distribués équitablement entre le plus d'individus possible.

L'individualisme, redisons-le encore une fois, est donc à fleur de terre; il n'y avait pas un mérite si excessif à l'exalter systématiquement, comme l'a fait M. Proudhon. La volonté humaine demande dans ce moment l'indépendance et la liberté. Mais il faut bien le répéter, même sous peine de devenir fastidieux, on ne peut en aucune façon négliger d'examiner les deux autres éléments intégrants de l'Etat, l'esprit collectif d'une nation et l'état moral des hommes.

Commençons par le premier :

Tout le monde sait que la France a été, est et sera toujours légère, spirituelle, impressionnable, passionnée pour les extrêmes, et ne reculant devant aucune absurdité. A côté de cela, elle est brave, ce qui est un irrécusable argument contre les prophètes sinistres d'un nouveau bas-empire; et en cherchant bien, on retrouve encore le filon caché du sentiment de l'antique honneur, autrefois le privilége des Français.

Notre caractère ne demande au fond pas mieux que d'être conduit et gouverné, il veut bien se soumettre à l'autorité qui sait s'adresser à son cœur et captiver son esprit. Alors il est capable de dévouement et d'abnégation, comme cela ne se trouve chez aucun peuple de la terre. On nous reproche souvent de trop insister sur les formes et sur la cérémonie ; mais cela provient du sentiment de convenance et de bon goût qui n'abandonne rien à la fantaisie de l'individu.

Tandis que les philosophes allemands et anglais en venaient à douter de l'existence même de leurs semblables, chez nous jamais cet idéalisme transcendental n'a pu faire école, parce que nous avons trop besoin des autres pour pouvoir nous en passer même en abstraction.

Notre esprit est essentiellement porté à généraliser ; il abuse souvent du syllogisme. Tout cela parce que nous rangeons instinctivement chaque chose à sa place, parce que nous sommes classiques malgré nous, comme l'a dit un spirituel critique.

En résumé donc, le caractère français est la négation même de l'individualisme, c'est-à-dire il est éminemment sociable.

Cette complication de tendances contradictoires ne peut être conciliée que par notre troisième élément, par l'intervention de l'obligation religieuse et morale. La recherche de ce qui forme en ce moment le fond de nos principes en cette matière est extrêmement délicate. Mais les assertions cyniques de M. Proudhon sur cette question m'ayant fait plus de mal qu'autrefois le songe de Jean-Paul, je dois tenir à en prouver toute l'insignifiance, et on me pardonnera de m'étendre un peu longuement sur ce point.

Il est incontestable qu'il y a depuis le commencement du siècle dans toute l'Europe et surtout en France un mouvement religieux très remarquable. Les philosophes ne pouvant le nier, le traitent d'engouement, de mode passagère, et ils le comparent aux mille et un essais de la restauration du paganisme. Pour cacher le dépit qu'ils en éprouvent, ils prennent envers le christianisme un petit air de bienveillance doucereux et perfide. Nous sommes impartiaux, disent-ils; nous reconnaissons très volontiers les bienfaits de la religion chrétienne dans d'autres temps; nous voyons en elle une évolution nécessaire de l'esprit humain.

Il y a là dedans un bien mauvais faux-fuyant et une habileté fort subalterne. M. Proudhon ajoute encore qu'on s'éprend maintenant de la religion comme d'un souvenir de jeunesse. Ceci est de la pure imposture; car il sait, aussi bien qu'un autre, que c'est selon les maximes d'Helvétius et d'Holbach qu'ont été élevés la plupart des hommes de notre temps. Non! ce retour vers le catholicisme, qui s'opère de bas en haut, sans la moindre intervention du pouvoir, au contraire, est fondé sur le besoin instinctif du cœur humain. La morale civile, même dégagée de toute jonglerie théophilanthropique, n'est qu'une platitude, qu'une dérision sans aucune portée, sans le moindre effet. Le déisme, depuis qu'il a fait son temps, lui, n'est plus accepté que par les âmes faibles et languissantes, par les nullités, dont la vie se passe sans combat intérieur; puis par quelques esprits de choix, mais esprits froids, dont parle quelque part Sainte-Beuve; et enfin par les intelligences hautaines, qui ne veulent pas se plier à l'idée du précepte impératif, mais que d'un côté leurs aspirations élevées et de l'autre l'aspect de leur propre misère conduisent nécessairement à chercher une solution quelconque à ce contraste.

Nous aurions classé M. Proudhon dans cette dernière catégorie, s'il n'était pas venu nous dire, en prenant un ton hyperdogmatique : « On discute le « catholicisme, il se rationalise, il se nie. » Voilà la première franche bêtise, sans vernis aucun, qu'ait débitée M. Proudhon. Comme il a tout au plus le quart de l'esprit de Swift, nous avions la perspective de ne le voir tomber dans l'imbécillité que beaucoup plus tard que le satiriste anglais; mais déjà les symptômes de l'affaiblissement se déclarent; car cette tirade de M. Proudhon prouve une ignorance bien grande des faits intérieurs de la conscience.

C'est justement parce qu'on devient chrétien par conviction, parce que la foi ne vient qu'après de longues et douloureuses luttes contre les sophismes, dont la Providence s'est plu à laisser accabler notre époque, parce que enfin il faut un certain courage pour soutenir sa croyance, que l'on en aime plus encore la religion qui console et qu'on en suit les pratiques avec plus de ferveur.

Vous ne savez donc pas, monsieur Proudhon, que les plus grands saints, que les plus célèbres docteurs ont vécu dans des doutes continuels, qu'ils ont eu à peser un à un dans leur esprit les motifs de l'incrédulité. Vous ne savez donc pas que le christianisme n'a jamais produit d'aussi sublimes résultats que lorsqu'il était en combat continuel avec les traditions païennes, que lorsqu'il faisait violence aux idées reçues, que lorsqu'il fallait détruire les préjugés et lutter avec des ergoteurs de toute espèce; vous ne savez donc pas que, outre la masse d'écrits apologétiques qui ont surgi alors et qui se sont perdus, les plus belles, les plus substantielles défenses du christianisme datent des premiers siècles de notre ère.

Mais comment cette idée aurait-elle jamais pu venir à M. Proudhon, qui se montre si ignare en tout ce qui concerne l'histoire de l'Église? Il a imprimé que les hérésies antérieures au quinzième siècle ne s'attaquaient qu'à de pures questions de formes; et, tout au contraire, l'innombrable série des Gnostiques, des Doketes et des Phantasiastes mettaient en doute la personne même de Jésus-Christ, ou bien le déclaraient ouvertement un simple mortel, comme le faisaient implicitement les Ariens. Et Strauss n'a confectionné son insipide et indigeste salmigondis que des débris de ces erreurs, auxquelles le lourd Souabe n'a rien ajouté, mais qu'il a, par une longue manipulation, dépouillées de leurs vives couleurs orientales. L'Église a triomphé alors, comme elle le fera maintenant que sa doctrine est complétement formée et fixée.

L'erreur de M. Proudhon vient de ce qu'il se reporte sans cesse au moyen âge. Ce fut certes une époque merveilleuse dans l'histoire que le moyen âge; j'aime beaucoup à y promener mon imagination. Mais quand on examine froidement les faits, on n'y trouve au fond que, soit l'ascétisme, soit le vice brutal, sans terme moyen. On suçait le christianisme avec le lait de sa nourrice, on le percevait par tous les sens, on le retrouvait partout; on acceptait le dogme par habitude, en un mot on n'avait pas conscience de sa foi. On pénétrait peu le sens et la portée de sa croyance; aussi les mœurs ne se ressentaient que bien lentement de l'influence de la religion.

Aujourd'hui nous savons au juste ce que nous faisons, ce à quoi nous nous engageons en devenant chrétiens; et les commandements doivent nécessairement être bien mieux suivis. De plus, entre toute conversion individuelle, il se fait dans les esprits un grand travail qui les ramènera tôt ou tard librement dans le giron de l'Église. Il y aura sans doute, jusqu'à la fin des siècles, des éléments de la société n'ayant pas grand entraînement pour les préceptes évangéliques ; toute la série des vices continuera constamment à éloigner de la religion une majeure partie des hommes ; il faut s'y attendre. Mais cela a toujours été ainsi ; étudiez la France à l'époque que vous voudrez, vous trouverez l'Église en lutte incessante contre l'indifférence et le vice.

L'action de l'Évangile adoucira donc aussi l'individualisme et le forcera de s'accommoder d'une autorité intelligente et respectable ; mais, en outre, il subira l'influence des idées morales qui nous remuent de temps en temps dans notre état de stagnation. La fraternité nous engagera à vouloir le bonheur général, l'égalité dans ce qu'elle a de vrai ; l'équité restreindra notre insatiabilité ; l'humanisme enfin servira aussi à nous faire sortir de la dissolution de laquelle nous ne pouvons manquer de sortir un jour. Il y a, il est vrai, beaucoup de faux, d'affecté, de froid dans ces principes qui sont plus un sujet de déclamation qu'ils ne sont un objet de conviction chez les déclamateurs ; mais encore devons-nous être fort contents qu'ils aient quelque pouvoir sur l'égoïsme et nous réjouir de ce qu'en dernière analyse ils nous préserveront, grâce à l'Évangile et à notre caractère naturel, de l'an-archie de M. Proudhon.

Cette an-archie, ce système d'une société sans autorité, n'est donc, comme je crois l'avoir démontré, qu'une déduction dialectique basée sur une seule des trois tendances du siècle : sur l'*individualisme*. Elle porte avec elle toutes les marques d'absurdité inhérentes aux conclusions exclusives. Nous allons faire ressortir, entre mille, deux objections décisives contre ce que propose, contre ce que prédit M. Proudhon, le plagiaire de William Godwin.

Pas de gouvernement, nous dit-il. Très bien. Toute supériorité étouffée est sans expansion possible. A merveille ! Votre société ainsi constituée, que ferez-vous maintenant d'une passion terrible qui domine et annihile même toutes les autres chez un grand nombre d'hommes ? Comment neutraliserez-vous l'*ambition* et où trouvera-t-elle à se satisfaire ? M. Proudhon, qui n'est qu'un des exemples les plus saillants de l'orgueil refoulé et comprimé qui veut se faire jour, aurait dû reconnaître aux agitations incessantes de son âme, qu'il est impossible de supprimer un seul des mobiles de nos actions et surtout l'ambition de quiconque serait une supériorité. Au lieu de cela, il vient prêcher aux autres l'abnégation et l'humilité. C'est bien laid d'antithèse.

Le bonhomme Fourier n'était pas plus bête qu'un autre, lorsqu'il insistait sur ce qu'on devait d'attention aux mouvements du cœur humain. L'absurdité était de les trouver tous bons et ensuite d'arriver à ne plus voir que des passions. Ainsi qu'un tel devienne tailleur, c'est qu'il a quelques instincts rapaces qu'il veut satisfaire honnêtement ; un autre, vivement épris des beautés de la nuit, deviendra chiffonnier ou astronome, et ainsi de suite. Non ! pour l'homme ordinaire, la question se réduit à utiliser ses facultés, afin de gagner le plus d'argent possible. Il recherche la valeur de son produit, et il ne s'intéresse que fort peu au travail.

Mais quant aux passions violentes, inhérentes à notre nature, il est absolument impossible d'en faire abstraction, sinon vous avez l'histoire de l'hydre.

Saint Louis, et plus tard le sénat de Venise, chassèrent un jour toutes les courtisanes de leurs États. Ils durent revenir bientôt sur cette mesure qui avait eu pour résultat de corrompre entièrement les familles. Il se passerait quelque chose de tout à fait analogue dans l'an-archie. L'ambition repoussée de toute part, la vie politique étant totalement annihilée, n'en deviendrait que plus intense, et ses exigences seraient exorbitantes dans le cercle restreint de la vie privée. L'existence deviendrait intolérable pour les trois quarts du genre humain ; le drame domestique serait bien plus terrible qu'au moyen âge où l'isolement, quoique bien moindre qu'il ne le serait dans l'an-archie, avait donné aux mœurs un caractère d'une grande férocité. Si cette rudesse devait alors revenir, elle aurait tout l'odieux de ces temps de barbarie, sans en pouvoir reproduire le côté grandiose et noble ; car notre âme est affaiblie profondément ; aucun système ne la relèvera, et il y a des personnes qui prédisent à ce sujet la nécessité d'une nouvelle invasion de peuples primitifs. En attendant, chacun peut lire dans Montaigne « où » la superbe raison est si invinciblement froissée de » ses propres armes [1], » un petit chapitre charmant d'ironie, qui aurait dû épargner à M. Proudhon la grosse bévue que nous relevons ici. C'est le chapitre IV du premier livre ; il est intitulé : « Comme » l'âme descharge ses passions sur les objets faulx, » quand les vrais lui défaillent. »

Mais M. Proudhon ne doit pas connaître Montaigne, le compatissant railleur de nos faiblesses, contre lesquelles, lui au contraire, il semble constamment s'irriter, quand il ne veut paraître que s'en moquer. Lorsqu'il en rit, il rit toujours jaune. Aussi, aux yeux de ceux qui ne s'arrêtent pas à la surface des phrases, a-t-il l'air de tellement s'ennuyer, que je lui passerais volontiers toutes ses lubies fantastiques, au moyen desquelles il tente d'amuser au moins les autres. Mais je l'ai pris en aversion depuis que je me suis aperçu que son anarchie tuerait l'histoire, seul refuge, par le temps qui court, pour toute âme élevée.

[1] Blaise Pascal.

Dans une cohue d'individus juxta-mouvants, mais sans lien convenu, l'intérêt collectif est complétement supprimé. De toutes les grandes idées, de tous les hauts faits, qui ne peuvent jaillir que du contact mutuel d'hommes qui admettent certaines données communes, il ne peut plus être question. Tout développement des institutions est à jamais arrêté, et la vie devient d'une monotonie désespérante par excès de bizarrerie. Dans cet immense cimetière, dont M. Proudhon se constitue le concierge, les hommes ne sont absolument plus rien autre que des feux follets. Ils viennent, ils passent, ils disparaissent ; personne ne s'en occupe, et on ne saura jamais ce qu'ils seront devenus.

Nous ne sommes plus, il est vrai, et Dieu en soit loué, au temps où l'histoire consistait en énumérations de batailles, en chroniques des intrigues des grands. Sous les faits matériels, nous cherchons à présent la vie intime des nations, leurs évolutions organiques. Néanmoins, il est incontestable que ce sont les hommes de génie, les intelligences d'élite, les âmes d'une trempe énergique, qui conduisent et résument une époque, et qui seuls donnent un intérêt dramatique à l'histoire.

Dans l'an-archie, non seulement il n'y aurait pas de place, pas de sphère d'action convenable pour le talent, mais le mouvement de la société même serait totalement paralysé ; car je défie bien qui que ce soit de trouver encore un déploiement d'organisation politique possible après l'an-archie. Alors le progrès n'existera plus; il deviendra même un non-sens. Nous serons condamnés à croupir indéfiniment dans un état stationnaire; la société campera dans une impasse.

Les idées et les traditions des autres âges, ne correspondant plus à aucun de nos besoins et n'excitant plus le moindre intérêt, se perdront peu à peu. Lorsque la dernière lueur de civilisation se sera éteinte, la terre s'ensevelira pour toujours dans un vaste silence interrompu de temps en temps par le bourdonnement désagréable d'une lutte d'égoïsmes contraires. L'an-archie sera bien autrement effrayante d'immobilité que les immenses empires de l'Asie, qui n'ont aucune prise sérieuse sur notre esprit. Malgré tous les volumes publiés dans ces derniers temps sur cette partie du monde, l'uniformité éternelle des faits, le fatalisme, qui les enchaîne, rendra toujours l'étude de l'Asie sans importance, excepté pour les savants. L'histoire de la plus petite cité de la Grèce l'emporte indéfiniment sur celle des royaumes de l'Orient les plus étendus.

Non! je préférerais encore aller m'abrutir tout de suite dans un phalanstère, que d'assister, dans l'an-archie, à l'agonie lente de mon intelligence privée d'alimentation.

Vraiment, mieux vaut l'état de lutte, de qui-vive

et de malaise, dans lequel nous sommes engagés; mieux vaut avoir à combattre des absurdités, que de ne plus pouvoir s'occuper que de sa personne. Cette guerre du socialisme contre le vieux monde présente au moins quelque intérêt. Les scènes méchamment bouffonnes des luttes intestines entre les divers goums socialistes, sont très réjouissantes. M. Proudhon a une bonne part dans le succès de ces intermezzos burlesques. Il représente le chevalier errant, qui guerroie pour son propre compte. Il est intrépide et, par occasion, courtois. Avec son beau coursier l'An-archie et sa bonne lame de la loi des contraires, il figure une sorte d'Orlando furioso. Seulement, au lieu de porter, comme les paladins, une armure de tête qui couvre tout, excepté les yeux, le baladin socialiste en porte une qui ne cache que les yeux. Sa marraine Velléda lui en aura fait don : elle aussi doit adorer l'antithèse.

Cependant, malgré ces boutades d'indépendance et d'indiscipline, il fallait, à M. Proudhon, un signe qui le ralliât au gros de l'armée révolutionnaire; il a pris, comme emblème, la *Liberté*.

Examinons un peu de près les armoiries de M. Proudhon. Sa Liberté est un monstre qui dépasse l'imagination du héraut d'armes le plus inventif. La mort est empreinte sur les traits de cet épouvantail. Toujours de l'antithèse et de la synthèse, et même de la prothèse. M. Proudhon ne vit que dans l'amalgame. Il avait à se décider, soit pour la liberté antique, soit pour la liberté moderne. Mais il ne s'est contenté ni de l'une, ni de l'autre; il a cherché un terme moyen; ingéniosité de dernier ordre.

Le portrait de ces deux types uniques de la liberté, celle de l'antiquité et celle des temps modernes, a été tracé de main de maître par Benjamin Constant. Nous allons reproduire cette peinture si délicate; puis nous examinerons le procédé bien différent de M. Proudhon.

« Demandez-vous d'abord, messieurs, dit l'illustre orateur, ce que, de nos jours, un Anglais, un Français, un habitant des États-Unis d'Amérique, entend par le mot liberté.

« C'est pour chacun le droit de n'être soumis qu'aux lois, de ne pouvoir être ni arrêté, ni détenu, ni mis à mort, ni maltraité d'aucune manière par l'effet de la volonté arbitraire d'un ou de plusieurs individus. C'est pour chacun le droit de dire son opinion, de choisir son industrie et de l'exercer, de disposer de sa propriété, d'en abuser même, d'aller, de venir, sans en obtenir la permission et sans rendre compte de ses motifs ou de ses démarches. C'est pour chacun le droit de se réunir à d'autres individus, soit pour conférer sur ses intérêts, soit pour professer le culte que lui et ses associés préfèrent, soit simplement pour remplir ses jours ou ses heures d'une manière plus conforme à ses inclinations, à ses fantaisies. Enfin c'est le droit pour chacun d'influer sur l'administration du gouvernement, soit par la nomination de tous, ou de certains fonctionnaires, soit par des représentations, des pétitions, des demandes, que l'autorité est plus ou moins obligée de prendre en considération.

« Comparez maintenant à cette liberté celle des anciens.

« Celle-ci consistait à exercer collectivement, mais directement, plusieurs parties de la souveraineté tout entière, à délibérer, sur la place publique, de la guerre et de la paix; à conclure avec les étrangers des traités d'alliance, à voter les lois, à prononcer les jugements, à examiner les comptes, les actes, la gestion des magistrats, à les faire comparaître devant tout le peuple, à les mettre en accusation, à les condamner ou les absoudre. Mais en même temps que c'était là ce que les anciens nommaient liberté, ils admettaient comme compatible avec cette liberté collective l'assujettissement complet de l'individu à l'autorité de l'ensemble. Vous ne trouvez chez eux presque aucune des jouissances que nous venons de voir faisant partie de la liberté chez les modernes. Toutes les actions privées sont soumises à une surveillance sévère. Rien n'est accordé à l'indépendance individuelle, ni sous le rappport de l'opinion, ni sous celui de l'industrie, ni surtout sous le rapport de la religion. La faculté de choisir son culte, faculté que nous regardons comme l'un de nos droits les plus précieux, aurait paru aux anciens un crime et un sacrilége. Dans les choses qui nous semblent les plus futiles, l'autorité du corps social s'interpose et gêne les individus. Therpandre ne peut, chez les Spartiates, ajouter une corde à sa lyre sans que les éphores s'en offensent. Dans les relations les plus domestiques, l'autorité intervient encore. Le jeune Lacédémonien ne peut librement visiter son épouse. A Rome, les censeurs portent un œil scrutateur dans l'intérieur des familles. Les lois règlent les mœurs, et comme les mœurs tiennent à tout, il n'y a rien que les lois ne règlent. »

Au lieu de choisir une de ces deux libertés, que fait cet abominable M. Proudhon ? Après avoir massacré ces deux saintes filles, il pétrit ensemble leurs cadavres, et, de son souffle de vipère, il essaie d'animer d'une vie factice son ouvrage. C'est du syncrétisme touchant au crétinisme. M. Proudhon dit à l'homme : « Tu régneras, tu gouverneras par toi-« même, sans intermédiaire, comme on le faisait « dans l'antiquité ; le gouvernement ne sera plus « qu'administration. Et en même temps tu auras « licence entière pour tous les actes de ta vie, comme « dans l'ère moderne ! »

Le vilain teneur de livres *additionne* deux libertés qui *s'excluent* mutuellement. Entre les deux il met une croix. L'impie!

Oui, M. Proudhon est une nature froidement méchante. Il agit mal envers les hommes. Il les méprise; c'est déjà quelque chose de mieux que de l'indifférence. Mais au-dessus de ceux qui n'ont que du dédain pour leurs semblables s'élèvent les véritables grands hommes, qui, sans illusion, sans attendre de récompense, travaillent au bien général. On admire Machiavel, mais on vénère Aristide.

M. Proudhon croit peut-être pouvoir tranquilliser sa conscience, parce que les hommes ne demandent pas mieux que d'être trompés. Il n'en reste pas moins vrai qu'un esprit supérieur, qui aide à pousser ses semblables vers l'abîme, se dégrade et fait preuve d'une grande perversité. M. Proudhon est dans ce cas.

Supposons que grâce à la faiblesse béotienne du parti de la résistance il réussisse, au moyen des Jacobins ou en les écrasant après coup, à nous ployer à l'an-archie. Certes, la société a résisté à des crises bien terribles ; mais pour le moment elle y passerait. Le chaos organisé ne serait plus capable d'enfanter quelque chose.

Mais il n'en sera pas ainsi. M. Proudhon n'est pas de force à figurer même le précurseur de l'Antéchrist. La triste joie de s'engloutir avec nous tous, ses ennemis, sous les ruines du monde entier, il ne l'aura pas ; il périra à la peine. Qu'il soit donc honni et mis au ban de la société, je ne l'en plaindrai pas. Il s'en embarrasse du reste peu lui-même.

Mais un jour viendra, où il regrettera la malignité extrême de ses actions. Ce jour sera celui où la vengeance, que son caractère haineux tire d'humiliations inconnues, sera devenue insipide et sans volupté pour ses nerfs. Il reconnaîtra alors que si les hommes ne valent pas la peine qu'on se fasse du mauvais sang à cause d'eux, d'un autre côté aucun mortel n'a le droit de venir accroître leur misère.

Aujourd'hui il les déchire, il les harcèle, il les leurre.

Anathème sur lui.

FIN.

www.ingramcontent.com/pod-product-compliance
Ingram Content Group UK Ltd.
Pitfield, Milton Keynes, MK11 3LW, UK
UKHW020443230726
13925UKWH00004B/1790

9 782019 265861